Wadim Tkatschew

Profitcenter Flughafen
Wie Airports Geld erwirtschaften

Diplomica® Verlag GmbH

Tkatschew, Wadim: Profitcenter Flughafen: Wie Airports Geld erwirtschaften,
Hamburg, Diplomica Verlag GmbH 2011
Originaltitel der Studienarbeit: Flughafen als Profitcenter

ISBN: 978-3-86341-056-8
Druck Diplomica® Verlag GmbH, Hamburg, 2011
Hochschule Heilbronn, Heilbronn, Deutschland, Studienarbeit, 2009

Bibliografische Information der Deutschen Nationalbibliothek:
Die Deutsche Nationalbibliothek verzeichnet diese Publikation in der Deutschen
Nationalbibliografie;
detaillierte bibliografische Daten sind im Internet über http://dnb.d-nb.de abrufbar.

Die digitale Ausgabe (eBook-Ausgabe) dieses Titels trägt die ISBN 978-3-86341-056-8
und kann über den Handel oder den Verlag bezogen werden.

Dieses Werk ist urheberrechtlich geschützt. Die dadurch begründeten Rechte,
insbesondere die der Übersetzung, des Nachdrucks, des Vortrags, der Entnahme von
Abbildungen und Tabellen, der Funksendung, der Mikroverfilmung oder der
Vervielfältigung auf anderen Wegen und der Speicherung in Datenverarbeitungsanlagen,
bleiben, auch bei nur auszugsweiser Verwertung, vorbehalten. Eine Vervielfältigung
dieses Werkes oder von Teilen dieses Werkes ist auch im Einzelfall nur in den Grenzen
der gesetzlichen Bestimmungen des Urheberrechtsgesetzes der Bundesrepublik
Deutschland in der jeweils geltenden Fassung zulässig. Sie ist grundsätzlich
vergütungspflichtig. Zuwiderhandlungen unterliegen den Strafbestimmungen des
Urheberrechtes.

Die Wiedergabe von Gebrauchsnamen, Handelsnamen, Warenbezeichnungen usw. in
diesem Werk berechtigt auch ohne besondere Kennzeichnung nicht zu der Annahme,
dass solche Namen im Sinne der Warenzeichen- und Markenschutz-Gesetzgebung als frei
zu betrachten wären und daher von jedermann benutzt werden dürften.

Die Informationen in diesem Werk wurden mit Sorgfalt erarbeitet. Dennoch können
Fehler nicht vollständig ausgeschlossen werden, und die Diplomarbeiten Agentur, die
Autoren oder Übersetzer übernehmen keine juristische Verantwortung oder irgendeine
Haftung für evtl. verbliebene fehlerhafte Angaben und deren Folgen.

© Diplomica Verlag GmbH
http://www.diplom.de, Hamburg 2011
Printed in Germany

Inhaltsverzeichnis

1. Problemstellung und Zielsetzung 7
2. Die Entwicklung 9
3. Flughäfen aus wirtschaftlicher Sicht 11
   3.1 Funktionsbereiche 11
   3.2 Die Ökonomie und die Ökologie 11
4. Flughafendifferenzierung 12
   4.1 Die Differenzierung nach der Zahl der Fluggästen 13
   4.2 Die Differenzierung nach dem internationalen und nationalen Verbindungen 14
      4.2.1 Hubs als Profitcenter 14
      4.2.2 Regionalflughäfen als Einnahmequellen 15
      4.2.3 Billigflughäfen als Vielverdiener 15
5. Flughafentypen aus der Sicht der Profiteinnahmen 17
6. Geschäftsbereiche eines Flughafens 21
   6.1 Aviation 21
   6.2 Non-Aviation 24
   6.3 Handling (Bodenverkehrsdienste) 28
   6.4 Der Vergleich 29
7. Die Kunden des Airports 31
   7.1 Die Fluggesellschaften 31
   7.2 Passagiere 33
   7.3 Gewerbliche Kunden 34
8. Der moderne Flughafen 37
9. Die Entwicklung von der Airport City in Frankfurt 41
10. Vergleich von Flughäfen 43
11. Fazit 45
12. Literatur- und Quellenverzeichnis 46

Abbildungsverzeichnis

Abbildung 1: Strategische Nachhaltigkeitsziele 12
Abbildung 2: Abgrenzung von Flughäfen nach deutschem Luftrecht 13
Abbildung 3: Beteiligungsverhältnisse Flughafen-Schönefeld GmbH 18
Abbildung 4: Umsatzstruktur Aviation 22
Abbildung 5: Umsatzstruktur Non-Aviation 25
Abbildung 6: Umsatz durch Non-Aviation 27
Abbildung 7: Umsatzstruktur Handling 28
Abbildung 8: Struktur der Konzernumsatzes 2008 30
Abbildung 9: Überlappung des Angebots 32
Abbildung 10: Non-Aviation pro Passagier 34
Abbildung 11: Die verschiedenen Shops im Airport 38
Abbildung 12: Park von Suvarnabhumi Airport 31

Tabellenverzeichnis

Tabelle 1: Organisationsformen von Flughäfen 19
Tabelle 2: Fluggasttarife der Gebührenordnung Kärnten Airport 22
Tabelle 3: Landetarif der Gebührenordnung Kärnten Airport 23
Tabelle 4: Infrastrukturtarif Gebührenordnung Kärnten Airport 24
Tabelle 5: Umsatz Aviation von 2006-2008 24
Tabelle 6: Umsatz Non-Aviation 2006-2008 27
Tabelle 7: Umsatz Handling 2006-2008 29
Tabelle 8: Vergleich von Flughäfen eigene Darstellung nach Rothfischer (2007) 43

1. Problemstellung und Zielsetzung

In den letzten Tagen sah und hörte man in den Medien die Schlagzeilen über Lufthansa, „Lufthansa will Methoden der Billigkonkurrenz kopieren."[1] Selbst die größte Fluggesellschaft Deutschlands hat es in der Finanzkrise nicht einfach. Ein Wechsel der Strategie ist jetzt genau die richtige Maßnahme. Bereiche die noch nicht aktiviert oder voll ausgelastet sind rücken jetzt in den Vordergrund. Überall wo auch möglich muss Profit gemacht werden um sich über Wasser zu halten. Die Billigflugmethode und diverse andere Low-Cost Geschäftsmodelle werden angewendet und umgesetzt.[2]

Ein Flughafen ist für viele Menschen etwas Besonderes. Für manche ist es die Tür in den Urlaub oder eine Geschäftsreise, für Andere ist es ihr Arbeitsplatz. Die Bedeutung des Flughafens hat sich im Laufe der Zeit stark verändert. In der Vergangenheit waren die internationalen Verkehrswege ein Kern in der Entwicklung von Städten. Schiffshäfen, Bahnhöfe und Autobahnen waren die Meilensteine der Entwicklung. Heute haben diese Rolle die Flughäfen übernommen.[3] Eine Welt ohne Flughäfen kann man sich überhaupt nicht mehr vorstellen. Sie sind die Verkehrsknotenpunkte des Luftverkehrs. „Verkehrsknotenpunkte sind Oasen des Wachstums für die erfolgreiche Entwicklung von Handelsstandorten."[4] Die gut ausgearbeitete und durchdachte Infrastruktur dient der Passagier- und Güterbeförderung.[5] Jedoch haben sich die Rahmenbedingungen für Airports gewaltig verändert. Die Kosten für das Personal steigen, die Umsätze sinken, d.h. die Flughafengesellschafter müssen ihre Strategien umdenken und auf neue Trends eingehen. Die meisten Flughäfen sind darauf bedacht zu wachsen und sich zu vergrößern. Dies stellt aber ein Problem dar. Verschiedene Aspekte haben einen großen Einfluss auf die Vergrößerung, seien es staatliche Genehmigungen oder ein Platzmangel.

Zudem ist ein Flughafen ein gigantischer Arbeitgeber. Der dynamische Luftverkehrsmarkt wuchs um durchschnittlich 6 %.[6], aber nicht durch eine Zunahme der eigentlichen Fluggeschäfte, sondern im Gegenteil, Erlebnis- und Einkaufscentren in den Flughäfen sind für die steigenden Arbeitsplätze verantwortlich. Man bezeichnet mittlerweile Flughäfen als „Kaufhäuser mit angeschlossener Start- und Landebahn"[7]. Wo liegen nun die Haupteinnahmequellen eines Flughafens?

Am Anfang dieser Arbeit muss zudem der Begriff Profitcenter definiert werden:

---

[1] www.focus.de/finanzen/boerse/aktien/luftfahrt
[2] Vgl. www.focus.de/finanzen/boerse/aktien/luftfahrt
[3] Vgl. A.T. Kearney Medienmitteilung 15.03.2006
[4] A.T. Kearney VKE-Treff 2007
[5] Vgl. Trumpfheller 2006, S.1
[6] Vgl. Geschäftsbericht Berliner Flughäfen 2008
[7] VDI-Gesellschaft 2007, S.1

Ein Profitcenter ist ein organisatorischer Teilbereich, in dem die Bereichsleiter so handeln ob es eine selbstständige Unternehmung sei. Es wird ein eigener Periodenerfolg ermittelt, dieser dient der weiteren Planung der Bereichsaktivitäten in der Zukunft.[8]

Das Ziel der vorliegenden Ausarbeitung ist es ein Flughafen in seinen einzelnen Geschäftsbereichen in den Mittelpunkt zu stellen und diese zu analysieren, um herauszufinden welcher dieser Bereiche der erfolgreichste Profitcenter ist. Desweiteren wird der moderne Flughafen dargestellt und ein Blick in die Zukunft gewagt, damit man sehen kann wohin die Entwicklung der Flughäfen hingeht.

---

[8] Vgl. wirtschaftslexikon.gabler.de

2. Die Entwicklung

Der Traum vom Fliegen ist genau so alt wie die Menschheit selber, sei es bei den alten Griechen, bei Leonardo da Vinci oder bei Otto Lilienthal. Alle wollten hoch hinaus, sie wollten wie die Vögel königlich über den Wolken gleiten.

Die ersten Flugplätze bestanden aus strauchlosen Grasflächen. Am Anfang der Luftfahrtsgeschichte war an einen regelmäßigen Transport von Passagieren, geschweige von Gütern, nicht zu denken. Die „Flugschiffe" waren noch nicht so weit entwickelt dass sie mehrere Personen gleichzeitig befördern konnten. Erst nach und nach wurden die Maschinen stärker und leistungsfähiger, das Ziel dieser war am Anfang noch Geschwindigkeits- und Höhenrekorde aufzustellen. 1909 wurde die erste Fluggesellschaft der Welt gegründet. Es war die Deutsche Luftschifffahrt Aktiengesellschaft DELAG. Diese beförderte 34.000 Passagiere in den ersten 5 Jahren, bis der erste Weltkrieg ausbrach.[9]

Durch den Krieg nahm die Entwicklung der Flugzeuge rapide zu. Das Militär entdeckte die strategischen Vorteile eines Flugzeugs und nahm es in ihren Waffenbestand auf.

Der erste Passagierflughafen entstand 1919 in Königsberg. Von der Architektur war es etwas völlig neues. Zwei riesige Hangars in denen das Verwaltungsgebäude und der Aufenthaltsraum für die Passagiere untergebracht waren ist der erste Flughafen gewesen. Mit der Zeit und dem voranschreiten der Flugzeuge mussten auch die Start- und Landebahnen befestigt werden um die Gefahr zu reduzieren. Sie wurde bepflastert oder geschottet. In den 1960er Jahren kamen dann die Jets, Dank ihnen war es möglich größere Entfernungen und mehr Passagiere oder mehr Fracht zu befördern. Doch dadurch musste die Infrastruktur von Startbahnen und Tanksystemen optimiert werden. Zuerst wurden die Pisten asphaltiert und musste eine vorgeschriebene Länge aufweisen. Zudem entstanden Terminals in denen sich Check-In Schalter und Gepäckabgabeposten befanden. Der Ablauf in einem Flughafen ähnelt ziemlich dem vom heute. Die Passagiere erhielten zunächst ihre Bordkarte am Check-In Schalter, gaben ihr Gepäck ab, durchliefen eine Sicherheitskontrolle, nach dieser sind sie dann in die Warteräume geleitet worden und aus diesen Räumen kam man zu einer Passagierbrücke oder zu einem Bus der direkt zum Flugzeug führten oder fuhr.[10] Und das hat sich bis heute im groben nicht stark verändert. Außer dass jetzt den Kunden bei der Abfertigung viele neue Bereiche begegnen, wie z.B. DUTY FREE Shops, Restaurants, Friseursalons oder sogar Schwimmbäder.

---

[9] Vgl. Rothfischer 2007 S.11
[10] Vgl. Rothfischer 2007, S.24ff

3. Flughäfen aus wirtschaftlicher Sicht

Betrachtet man einen Flughafen aus der wirtschaftlichen Sicht so stehen im Vordergrund die Funktionen und die ökonomischen und ökologischen Auswirkungen des Airports.

3.1 Funktionsbereiche

Die Hauptfunktion eines Flughafens besteht in der Wegsicherung, der Abfertigung und der Beförderung von Passagieren und Fracht. Das sind die Primärfunktionen eines Flughafens.
Die Wegsicherung ist mit der Überwachung der Start- und Landebahnen verbunden.
Die Abfertigung ist das „bereit machen" der Passagiere, des Gepäcks, der Fracht und der Post in den Terminals. Diese ist notwendig um die Sicherheit an Bord eines Flugzeugs zu gewährleisten, denn alle Gegenstände und Reisenden unterliegen strengen Sicherheitskontrollen.
Die Beförderung, auch Transit genannt, beschäftigt sich mit dem Verkehrsträgern Straße und Schiene. Und sorgt dafür, dass die Fracht pünktlich in die Flugzeuge gelangt.
Zu den Sekundärfunktionen zählen der Verkauf von Flugtickets oder der Mietwagenservice. Der tertiäre Bereich dient der Bedürfnisbefriedigung der Besucher, sei es in der Gastronomie oder in der Vermarktung des Flughafens. Dies geschieht indem die Flächen der Terminals und der außerhalb des Geländes an Interessenten verkauft oder verpachtet werden.[11] Dieser Bereich nimmt immer mehr an Bedeutung zu, er hebt sich als Profitcenter regelrecht hervor und sorgt für schwarze Zahlen. Manche Flughafentypen würden ohne diesen Bereich nicht überleben können.

3.2 Die Ökonomie und die Ökologie

Das öffentliche Interesse an einem Airport ist wegen den ökonomischen und ökologischen Auswirkungen stark verbreitet. Der Grund ist der, dass sich die ökonomischen Gesichtspunkte auf der regionalen und nationalen Ebene abspielen, die Umweltauswirkungen jedoch auf der lokalen Ebene bleiben. Somit ist jeder Flughafenbetreiber gezwungen ein akzeptables Gleichgewicht zwischen den beiden Punkten herzustellen. „Profitables Wachstum ist der Grundstein für die Zukunftsfähigkeit unseres Unternehmens. Dies erreichen wir durch eine vorbildliche Leistungs- und Wettbewerbsfähigkeit."[12]

---

[11] Vgl. Trumpfheller 2006, S. 33ff
[12] Frankfurt am Main Bericht 2008 auf der Homepage: www.fraport.de

Vorteile sieht man darin, dass ein Flughafen Tausende von indirekten und direkten Arbeitsplätzen mit sich bringt, sowie Steuerzahlungen oder Investitionen. Jedoch ist dies gleich der Nachteil, da diese wiederrum einen katalytischen Effekt verursachen und immer mehr auf Umwelt einwirken, z.B. durch den Bau von nahen Hotels, Parkhäusern oder Speditionen wird die Umwelt immer mehr und mehr belastet. Dieser Bereich wird jedoch in der Zukunft immer mehr an Bedeutung zunehmen. Wenn man hier richtig mit den Investitionen und den Subventionen umgeht und erfolgreich disponiert wird dieser, für die Gesellschaft und die Politik zu einem profitablen und Image beeinflussenden Höhepunkt.

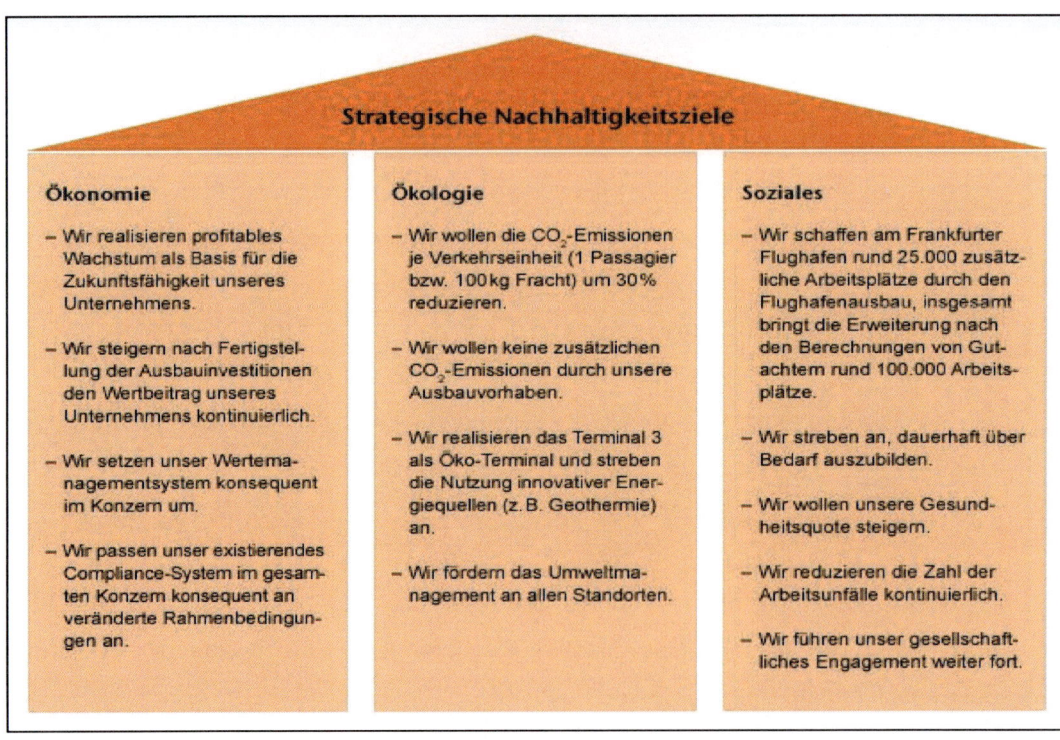

Abbildung 1: Strategische Nachhaltigkeitsziele (Quelle: http://www.fraport.de/cms/nachhaltigkeit/dok/338/338820.unsere_strategischen_nachhaltigkeitsziel.htm)

Die Abbildung 1 zeigt die strategischen Nachhaltigkeitsziele des Flughafens Frankfurt am Main. Sie sind bestrebt die Umweltbelastung die durch den Luftverkehr entsteht zu reduzieren und zu kompensieren. Die Schwerpunkte werden auf Lärmschutz, Klimaschutz und Biodiversität gelegt. Ihr Ziel ist es das Umweltbewusstsein der Menschen zu fördern und zwar weit aus effektiver als es die gesetzlichen Vorgaben vorschreiben.[13]4.

---

[13] Vgl. Fraport AG Ökologie

4. Flughafendifferenzierung

Das deutsche Luftverkehrsgesetz (LuftVG) und die Luftverkehrs-Zulassungs-Ordnung (LuftVZO) teilen, nach dem §6 des LuftVG und weiter differenziert nach dem §§38 des LuftVZO, Flugplätze in drei Kategorien ein:
Es gibt Flughäfen, diese werden unterteilt in Verkehrsflughäfen und Sonderflughäfen. Es existieren Landeplätze, die Unterteilung hier liegt in Verkehrslandeplätze und Sonderlandeplätze. Und die dritte Kategorie ist ein Segelfluggelände. In der folgenden Grafik sind diese in einem Hierarchiebaum dargestellt.[14]

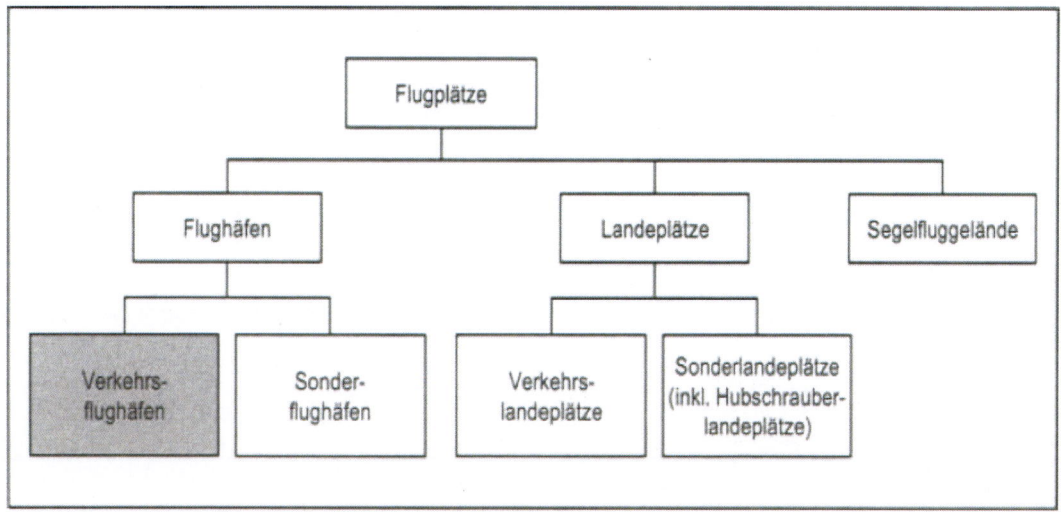

Abbildung 2: Abgrenzung von Flughäfen nach deutschem Luftrecht (Quelle: Trumpfheller (2006), S. 29)

Es wird klar, dass sich nur die Verkehrsflughäfen dazu eignen in Profitcenter aufgeteilt zu werden. Da auf diesen am meisten Verkehr, Menschen und Geld unterwegs sind, deshalb wird im folgenden Teil der Ausarbeitung nur von Verkehrsflughäfen die Rede sein.

4.1 Die Differenzierung nach der Zahl der Fluggästen

Die Differenzierung nach der Zahl der Fluggäste ist sehr wichtig. Durch die Passagiere werden die Bereiche Aviation, Non-Aviation und Handling beeinflusst, die in weiteren Verlauf der Arbeit in dem 6. Kapitel beschrieben werden. Die Größe dieser Bereiche setzt sich aus der Zahl der Passagiere zusammen.
Die Flughäfen werden bei einer Differenzierung nach der Fluggästezahl in vier Gruppen unterteilt:

---
[14] Vgl. LuftVG §6 ebenso LuftVZO §§38

a) Zu dieser Gruppe zählen alle Flughäfen die mehr als 25 Mio. Fluggäste pro Jahr befördern, wie zum Beispiel Atlanta, Frankfurt oder Paris-Charles de Gaulle.

b) In die zweite Gruppe gehen alle Flughäfen ein, die zehn bis 25 Mio. Fluggäste pro Jahr haben, unter anderem Barcelona, Düsseldorf oder Wien.

c) Hier sind es zwischen fünf und zehn Millionen Passagiere, wie Genf, Hannover oder Stuttgart.

d) Die letzte Gruppe überschreitet die fünf Millionen Marke nicht, z.B. Nürnberg oder Salzburg. [15]

Die große der Personenzahl hat direkte Auswirkungen auf die Profitcenter Aviation, Non-Aviation und Handling, z.B. mehr Passagiere führt zu mehr Einnahmen im Non-Aviation.

4.2 Die Differenzierung nach dem internationalen und nationalen Verbindungen

Eine weitere Einteilungsmaßnahme ist in Primär-, Sekundär-, Tertiär- und Quartärflughäfen.
Die Primärflughäfen sind Hubs, riesige Verkehrsknotenpunkte. Sekundärflughäfen haben ein attraktives Einzugsgebiet. Sie bieten, so wie die Primären, Langstrecken Linienverbindungen an. Die Tertiären verfügen über große nationale Fluggesellschaften und dürfen auch international tätig sein. Die Quartären sind als Regionalflughafen bekannt. Diese erfreuen sich an einer hohen Anzahl an Billigfluggesellschaften.[16]

4.2.1 Hubs als Profitcenter

Ein Hubflughafen wird auch Drehkreuz genannt. Man versteht darunter einen zentralen Verkehrsknotenpunkt und/oder ein Umsteigeflughafen einer Fluggesellschaft. Die Kunden sind die Netzwerkfluggesellschaften. Sie spezialisieren sich auf Business- und First-Class-Passagiere. So ein Modell ist nur dann sinnvoll, wenn ein hohes Flugaufkommen am Flughafen statt findet.[17]
Diese Idee entstand in den Siebzigern. Durch die neuen großen Flugzeuge musste man jetzt wirtschaftlicher denken. Punkt-zu-Punkt-Ziele waren nicht rentabel. So beschloss man Zwischenstopps einzubauen um die Flugmaschinen voll auszulasten. Die Topfluggesellschaften haben mehrere solcher Hubs, die sie ansteuern können. Das hat den Vorteil, dass sie gezielt planen und disponieren können. Ein geeignetes Beispiel ist die Lufthansa, die sich im inner-

---
[15] Vgl. Rothfischer (2007), S. 35
[16] Vgl. Rothfischer (2007), S. 35ff
[17] Vgl. Trumpfheller (2006), S. 130

deutschen und regionalen Streckennetz mit anderen Fluggesellschaften zusammengeschlossen hat. Der Nachteil des Ganzen ist die begrenzte Anzahl an Anflügen, die ein Flughafen hat. Denn jeder Anflug dauert seine Zeit, so müssen manche Maschinen in der Luft warten und dadurch entstehen weitere Kosten für die Fluggesellschaft, wie der Treibstoffverbrauch.[18] Bei solchen Flughäfen profitiert der Aviation und der Handling Bereich. Eine hohe Anzahl von Starts und Landungen führt dazu, dass man ein ausgeklügeltes System entwickeln muss. Auf jedes Flugzeug fallen Gebühren an, wie z.B. Landetarife. Diese Gebühren fließen in die Aviation. Genau so muss jedes Flugzeug mit den Diensten des Handlings versorgt werden, wie z.B. der Reinigung des Flugzeugs.

4.2.2 Regionalflughäfen als Einnahmequellen

Wie der Name Regionalflughafen es schon sagt, wird hier Hauptsächlich regional gewirtschaftet. Natürlich fliegen auch manche international, doch das sind meist Urlaubs- oder Billigflüge. Mittlerweile bilden sogar die Ferienfluggesellschaften ihre Knotenpunkte auf den Regionalflughäfen. Man muss aber beachten das sich bei solchen Flughäfen Jahreszeitbedingt die Kapazitäten in der Hauptsaison und Nebensaison drastisch unterscheiden.[19] Wo würde hier der Profitcenter liegen? Wenn man weiß, dass in der Nebensaison der Airport nahezu leer ist, muss man in dieser versuchen Kosten einzusparen. Zu dieser Zeit ist es kein erfolgreiches Geschäft. Es muss evtl. sogar vom Staat subventioniert werden um überhaupt durchzuhalten. Aber zur Hauptsaison läuft das Ganze ohne Probleme. Daraus kann man ableiten, dass es sich hier um einen saisonalen Profitcenter handelt. Gewinn wird nur dann gemacht wenn auch die Menschen bereit sind zu verreisen.

4.2.3 Billigflughäfen als Vielverdiener

Billigflughäfen werden auch Low-Cost-Airports genannt. Diese Variante ist erst vor ein paar Jahren entstanden und boomt regelrecht. Manche Flughäfen können nur Dank dieses Typs existieren, wie z.B. der Airport Frankfurt-Hahn. Dessen vorrangiges Ziel ist es Kosteneinsparung überall wo möglich. Auf einen Passagier fallen aber die gleichen Kosten an wie bei einem traditionellen Flughafen. So ein Flughafen muss immer auf die billigen Anbieter zurückgreifen. Es wird nur der Service angeboten, der unbedingt notwendig ist. Auf das Wohlbefinden der Passagiere, sei es im Flugzeug oder im Airport, wird nicht so ein großer

---

[18] Vgl. Rothfischer (2007), S. 36ff
[19] Vgl. Rothfischer (2007), S. 38ff

Wert gelegt.[20] Dennoch punktet hier der Non-Aviation Bereich. Durch den klassischen Flughafenbetrieb wird nur sehr wenig Profit erwirtschaftet. Man muss umdenken, in die Geschäfte, Restaurants oder andere Freizeitangebote des Flughafens investieren. Um den Umsatz des Flughafens durch den Konsum der Fluggäste zu steigern. Anders werden hier kaum Gewinne eingefahren und man wird auf die Subventionen des Staates angewiesen.

---

[20] Vgl. Trumpfheller (2006), S. 130

5. Flughafentypen aus der Sicht der Profiteinnahmen

In diesem Abschnitt wird gezeigt mit welchem Flughafentypen man am besten erfolgreich wirtschaften kann.

Die meisten Flughäfen beginnen ihren Betrieb in öffentlicher Hand, d.h. sie sind das Eigentum der Staaten, der Länder oder der Gemeinden. Die Aufgabe an Anfang ist es die Infrastruktur bereitzustellen, zu betreiben und instand zu halten. Doch in den letzten Jahren änderten sich die Eigentumsverhältnisse sehr. Da nun das Erweitern der Flughafenkapazität das neue Ziel ist. Das Wachstum des Luftverkehrs steht jetzt im Vordergrund. Da das Geld der öffentlichen Haushalte begrenzt ist entscheiden sich die Länder private Investoren für sich zu gewinnen. So entstehen verschiedene Organisationsformen von Flughäfen:[21]

Der erste Typ ist oben schon kurz erwähnt worden. Der Eigentümer ist der Staat. Er ist für den Betrieb und den Aufbau verantwortlich. Die Leitung solcher Flughäfen übernimmt die zivile Luftfahrtbehörde (Civil Aviation Department) oder eine Flughafenadministration.
Dieser Typ erweist sich nicht als effektiv oder profitabel. Um die Kosten zu decken sind Subventionen der öffentlichen Hand von Nöten.[22]
Bei der zweiten Variante teilen sich die Länder, Städte und Gemeinden das Eigentum. Dieser Typ ist weitläufig in den Industrienationen verbreitet. Ein gutes Beispiel hierfür ist Flughafen München. Dieser gehört zu 51 % Freistaat Bayern, zu 26 % der Bundesrepublik Deutschland und zu 23 % der Stadt München. Oder Stuttgart, die Gesellschafter sind zu 65 % Baden-Württemberg und zu 35 % Landeshauptstadt Stuttgart.[23] Der Vorteil so eines Flughafens besteht darin, dass er die wirtschaftliche Entwicklung der betreffenden Region unterstützt. Der Nachteil ist, dass die öffentliche Hand ins Management und den Betrieb eingreifen kann und so bei wichtigen Entscheidungen mit bestimmt.
Der dritte Typ hat mehr Entscheidungsfreiheit, da er eine Aktiengesellschaft oder eine Gesellschaft mit beschränkter Haftung ist. Hier kommen die Stärken aus der Unternehmensbranche zum Vorschein. Dennoch ist der Eigentümer die öffentliche Hand.[24]
Der Profitcenter der hier neu eingeht, ist der Gang zur Börse wodurch sich die finanzielle Lage des Flughafens wider spiegelt. Ein ausgezeichnetes Beispiel für diesen Typ ist die Flughafen Berlin-Schönefeld GmbH. Die folgende Darstellung zeigt die Beteiligungsverhältnisse.

---

[21] Vgl. Seiringer (2007), S.5
[22] Vgl. Seiringer (2007), S.6
[23] Vgl. Geschäftsbericht Flughafen Stuttgart (2008), S. 22
[24] Vgl. Seiringer 2007, S.7

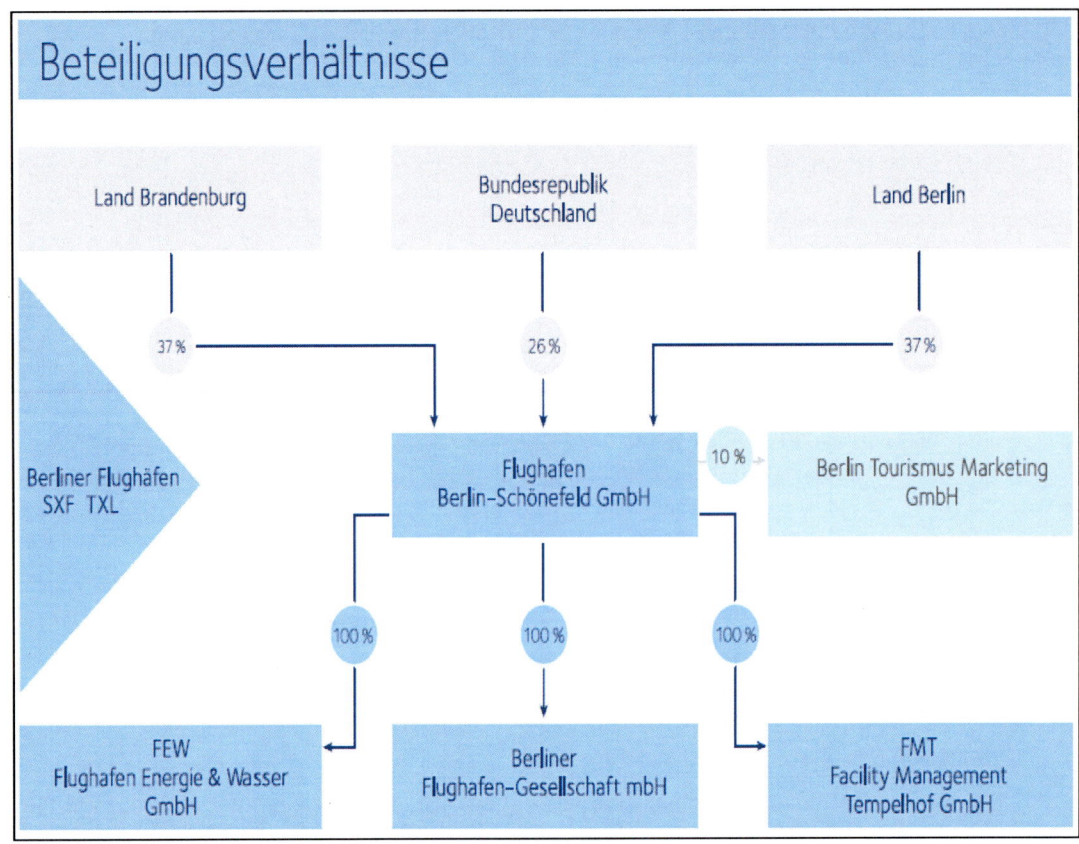

Abbildung 3: Beteiligungsverhältnisse Flughafen-Schönefeld GmbH (Quelle: Geschäftsbericht Berliner Flughäfen 2008)

Bei der vierten Organisationsform taucht das Problem der beschränkten öffentlichen Hand auf. Die öffentlichen Mittel langen nicht aus um umfangreiche Investitionen durchzuführen, so muss der private Sektor mit ins Spiel gezogen werden. Die Eigentümer hier sind sowohl die öffentlichen als auch die privaten Aktionäre. Die meisten deutschen Flughäfen sind immer noch im staatlichen Besitz, aber zunehmend sind immer mehr vom privaten Kapital abhängig. Die Flughäfen Hamburg, Hannover und Frankfurt sind beispielsweise teilprivatisiert.[25] Das führt dazu, dass die Aktionäre einen Einfluss auf die Entwicklung des Flughafens haben, dies bewirkt evtl. eine Umschichtung der Investitionen in die Bereiche aus denen man mehr Gewinn erwirtschaften kann.

Der letzte Typ ist ein privates Unternehmen, welcher vorher als eine Kapitalgesellschaft eingeführt wurde. Der Grund für die Umwandlung liegt in der Expansion des Flughafens. Durch eine Privatisierung verspricht man sich eine bessere Position im Wettbewerb. „So könnte der geplante Großflughafen Berlin-Brandenburg der erste vollprivatisierte Flughafen in Deutschland werden."[26] Durch eine Vollprivatisierung wird versucht immer profitabel zu wirtschaften und nicht zur Gunsten der Allgemeinheit, wie es gerne der Staat vorsieht. So wird noch mehr Wert auf die Bereiche gelegt die man in der Portfolioanalyse als Stars bezeichnet.

---

[25] Vgl. Seiringer 2007, S.7
[26] Seiringer 2007, S.8

Um die fünf Organisationsformen besser zu vergleichen und auf einen Blick zu haben, wird diese Tabelle aufgezeigt, in der alle Typen enthalten sind:

	Eigentum	Leitung und Betrieb	Risikoübernahme
Typ 1	Öffentliche Hand	Regierungsbehörde mit gemeinwirtschaftlicher Zielsetzung	Direkt durch staatliche Subventionen
Typ 2	Geteilt an Länder, Städte und Gemeinde	Dezentrale öffentliche Gebietskörperschaften mit gemeinwirtschaftlicher Zielsetzung	Indirekt öffentlich
Typ 3	Öffentliche Hand	Privates Management; privatrechtlich organisierter Betrieb mir öffentlichen Arbeitsstrukturen; wettbewerbswirtschaftlicher Zielsetzung mit gemeinwirtschaftlichen Nebenbedingungen	Durch Verlustübernahme, staatliche Garantien
Typ 4	Öffentliche Hand und Privat	Privates Management, wettbewerbswirtschaftliches Verhalten unter gemeinwirtschaftlichen Nebenbedingungen	Durch staatliche Garantien, Anteilsveräußerungen
Typ 5	Privat	Privat, wettbewerbswirtschaftliche Zielsetzung, meist in Verbindung mit einem Regulierungsrahmen	Durch Leasing, Anteilsveräußerungen /Kapitalerhöhungen

Tabelle 1: Organisationsformen von Flughäfen (Quelle: Seitinger 2007 S. 5)

6. Geschäftsbereiche eines Flughafens aus der Sicht des Profitcenters

Früher war ein Flughafen nichts weiter als ein Ankunfts-, Abflugs- und Umstiegsort. Heute hat sich dieses Bild komplett geändert. Die Entwicklung nahm ihren Lauf von einer normalen Verkehrsanlage zu einem multifunktionalen Ort.[27] „Der Flughafen von heute ist auch Konferenz- und Tagungsstätte, Präsentations- und Veranstaltungsort, Erlebniswelt sowie Standort von Einzelhandel und Gastronomie."[28] Dabei unterscheidet man zwischen drei verschiedenen Bereichen. Der erste ist für den flughafenspezifischen Bereich verantwortlich, auch Aviation genannt. Der zweite ist das Gegenteil, der nicht flughafenspezifische Bereich, diesen nennt man Non-Aviation. Und der dritte beinhaltet die Abfertigungsfunktion, er wird in deutschen als Bodenverkehrsdienste oder in englischen als Handling bezeichnet.[29]

6.1 Aviation

Dieser Bereich kümmert sich um die klassischen Dienstleistungen eines Flughafens. Die Aufgeben sind das Bereitstellen und Betreiben der Start- und Landebahnen, der Fahrt von der Start- und Landebahn zur Parkposition und das Vorbereiten der Flugzeuge auf den nächsten Start. Zudem hat dieser Bereich weitere Serviceleistungen, wie z.B. den Sicherheitsdienst, Winterdienst, die Feuerwehr und die Verwaltung.[30] In den Terminals ist die Aviation dafür verantwortlich dass alle Anlagen und Einrichtungen, welche die Passagiere betreuen und das Gepäck abfertigen, reibungslos funktionieren. Deshalb ergibt sich hier eine neue Aufgabe: Eine Anpassung der Pisten- und Terminalkapazitäten über eine langen Zeitraum. Des Weiteren ist das Management der Aviation dafür zuständig neue Fluggesellschaften heran zu ziehen um in den internationalen Luftmarkt zu bestehen und sich nicht von der Konkurrenz überfliegen zu lassen.[31]

Den Bereich Aviation kann man in weitere Segmente unterteilen. Zu dem zählen Landetarife. Ein Landetarif ist eine Gebühr, die für die Landung und für die Benutzung der vorhandenen Anlagen und Einrichtungen bezahlt wird. Oder Fluggasttarife, die bezahlt werden müssen für die Benutzung des Terminals in dem der Fluggast abgefertigt wird. Zu dem kommen noch Infrastrukturtarife, die dafür anfallen wenn man die Infrastruktur des Flughafens benutzt.[32] Natürlich gibt es noch weitere Unterteilungen wie z.B. Parktarife, diese haben aber nicht so eine hohe Bedeutung wie die drei oben genannten. Um herauszufinden welcher Bereich, von

---

[27] Vgl. Seiringer 2007 S.8
[28] Seiringer 2007, S. 8
[29] Vgl. Trumpfheller 2006, S. 109
[30] Vgl. Trumpfheller 2006, S. 109
[31] Vgl. Seiringer 2007, S. 9
[32] Vgl. Gebührenordnung Kärnten Airport 2009, S.7ff

diesen Drei, am größten bzw. der profitabelste ist, wird die Umsatzstruktur des Wiener Flughafens dargestellt.

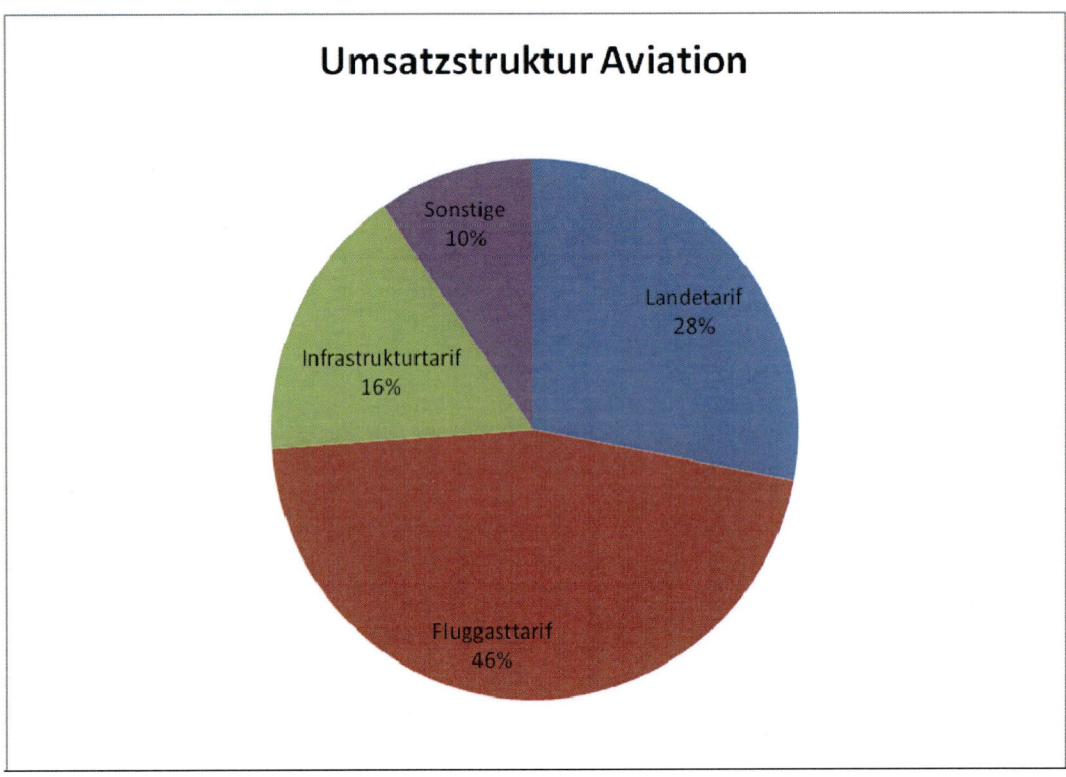

Abbildung 4: Umsatzstruktur Aviation (Quelle: entnommen aus der 18. Hauptversammlung Flughafen Wien AG 2007)

Es ist deutlich zu sehen, dass der **Fluggasttarif** (110,9 Mio.) fast für die Hälfte des Umsatzes sorgt. Den Fluggasttarif bestimmt jeder Flughafen selber. Er bildet sich aus dem Gewicht der abfliegenden Fluggäste. Diesen Tarif tragen die Fluggesellschaften. In der folgenden Tabelle wird der Fluggasttarif des Flughafens Klagenfurt dargestellt damit man sich vorstellen kann wie hoch dieser überhaupt ist.

Gewicht in Tonen		Preis in € pro Person (FmeM)[33]
> 5,7	International	12,15 (12,49)
	National	12,15 (12,49)
< 5,7	International	7,74 (8,08)
	National	3,39 (3,73)
<2,0	kein Passagiertarif	-

Tabelle 2: Fluggasttarife der Gebührenordnung Kärnten Airport (2009)

---

[33] Flugreisende mit eingeschränkter Mobilität, z.B. Rollstuhlfahrer

Im Vergleich zu Klagenfurt ist Frankfurt mit 14,70 € bei einem Gewicht von über 5,7 t im internationalen und nationalen Flug teurer.[34]

Der **Landetarif** (68 Mio.) ist an zweiter Stelle und bringt nahe zu ein Drittel des Umsatzes. Auch hier eine Tabelle damit man sich die Höhe der Zahlen vorstellen kann. Die Bemessungsgrundlage bildet sich aus dem Abfluggewicht eines Jets.

Gewicht in Tonnen	Preis in €
5,7 - 150	15,36
151 - 270	12,86
> 270	11,81

Tabelle 3: Landetarif der Gebührenordnung Kärnten Airport (2009)

In München konnte man eine deutliche Steigerung der Landeentgelte feststellen. Dadurch ist der Erlös des Aviation Bereich um 11,7 Prozent gestiegen, dieser beträgt nun 275 Millionen Euro. Die Gründe waren Preisanpassungen, ein Anstieg der Flugbewegung um 3,3 Prozent und eine 7,5 prozentige Steigerung der Passagieraufkommen. Eine Erhöhung der Sicherheitsentgelte war eins der vielen Ergebnisse.[35]

Der drittstärkste **Infrastrukturtarif** (23,2 Mio.) ist auch ein wichtiger Faktor. Die Bemessungsgrundlage ist zu einem das Gewicht des Flugzeugs, die verschiedenen Flugzeugtypen werden in Gruppen eingeteilt und jede Gruppe hat ihre eigene Preise.

Gruppe	MTOW(t)	Type	INFRA lufts. (in EUR)
1	bis 17	Do328, DH1, SF34	40,92
2	bis 25	DH3, CRJ, AT4, S2000	48,44
3	bis 45	DH4, AT7, F70, F100, AR8	77,57
4	bis 59	BAE146, B735, M87, YK42	119,92
5	bis 70	M80, A319, B733, B734	150,48
6	bis 100	A320, B738, B727, M90, TU5, M83	177,16
7	bis 159	B757, A310, A321	253,16
8	bis 200	B763, B762, A310	321,40
9	ab 200	A300, B777, A330, A340, B747, MD11	434,20

---

[34] Vgl. Flughafen Frankfurt Flughafenentgelte (2009)
[35] Vgl. Geschäftsbericht Flughafen München (2006)

Tabelle 4: Infrastrukturtarif Gebührenordnung Kärnten Airport (2009)

Aber nicht nur das Gewicht spielt eine Rolle. In Frankfurt, aber auch in anderen Flughäfen, muss man sogar für den Lärm Zahlen den ein Flugzeug verursacht, eine Antonov AN 124 muss 15.000 € pro Landung und pro Start bezahlen. Eine Airbus A330 muss dagegen bloß 72 € hinlegen.[36]

Nun wird auch klar warum der Fluggasttarif für so viel Umsatz sorgt, da er auf jeden einzelnen Passagier anfällt und viele Extras hinzukommen. Dieser Profitcenter ist für den Bereich Aviation nicht weg zu denken. Er ist die wichtigste Einnahmequelle in diesem Bereich.

Auch bei den Flughäfen macht sich die Finanzkrise bemerkbar, denn die Wirtschaft prognostiziert eine Verlangsamung des Wachstums in der Luftfahrtbranche.
So hatte Beispielsweise der Wiener Flughafen ein geringeres Wachstum als ein Jahr zuvor.

Jahr	Umsatz in Mio. €
2006	211,3
2007	242,2
2008	250,8

Tabelle 5: Umsatz Aviation von 2006-2008 (Quelle: Geschäftsbericht Flughafen Wien 2008)

Die Tabelle zeigt eine dramatische Wachstumsverlangsamung im Jahr 2008, denn im Jahr 2007 betrug der prozentuale Wachstum 14,6 % und vom Jahr 2007 auf 2008 nur 3,6 %.[37]
Die Investitionen in der Aviation deuten darauf hin, dass der Flughafen weiter und weiter wachsen will. Denn man investierte in eine Terminalerweiterung, in eine Gepäcksortieranlage und eine neue Feuerwache. Die Gesamtinvestitionen beliefen sich in der Berichtsperiode 2008 auf 245,3 Mio. €.

6.2 Non-Aviation

Dieses Segment hat nichts mit dem eigentlichen klassischen Flughafenaufgaben zu tun. Die meisten heutigen Flughäfen sind auf diesen Bereich sehr stark angewiesen, da sich aus dem eigentlichen Aviation-Geschäft im Vergleich mit Non-Aviation weniger Profit erzielen lässt. Dieser befasst sich stattdessen unter Anderem mit der Vermietung von Flächen. So bekommt man Einkommen aus dem PKW-Parkplätzen, Einzelhandelsketten oder der Gast-

---

[36] Vgl. Flughafen Frankfurt Flughafenentgelte (2009)
[37] Vgl. Geschäftsbericht Flughafen Wien 2008

ronomie. Eine wichtige Rolle spielt hier auch die Autovermietung und die Werbung, die auch ein Prozentsatz zu den Einkünften beiträgt.

„Aus abgefertigten Passagieren werden Kunden" (Manfred Tuerks). Der heutige Konsum hängt mittlerweile von der Zeit ab nicht mehr vor dem Ort. Der moderne Konsument legt einen großen Wert auf die Freizeit-, Genuss-, und Erlebnisangebote und zwar dann wenn er es auch möchte.[38]

Je größer ein Flughafen ist, desto größer die wirtschaftliche Bedeutung des Non-Aviation Bereichs, denn die riesige Zahl an Passagiere macht sich aufmerksam auf die Dienstleistungsgewerbe sowie auf internationalen Konzerne, denen ein Flughafen in der Nähe sehr wichtig ist.[39]

Der Non-Aviation Bereich hat vier grobe Umsatzleister. Die Parkplätze für PKWs, die Einkaufsgeschäfte sowie die Gastronomie, Sicherheitsdienstleistungen und sonstige Vermietungen. Auch hier wird der Wiener Flughafen als Beispiel dienen. Seine Umsatzstruktur des Non-Aviation Sektors ist das nächste Kuchendiagramm.

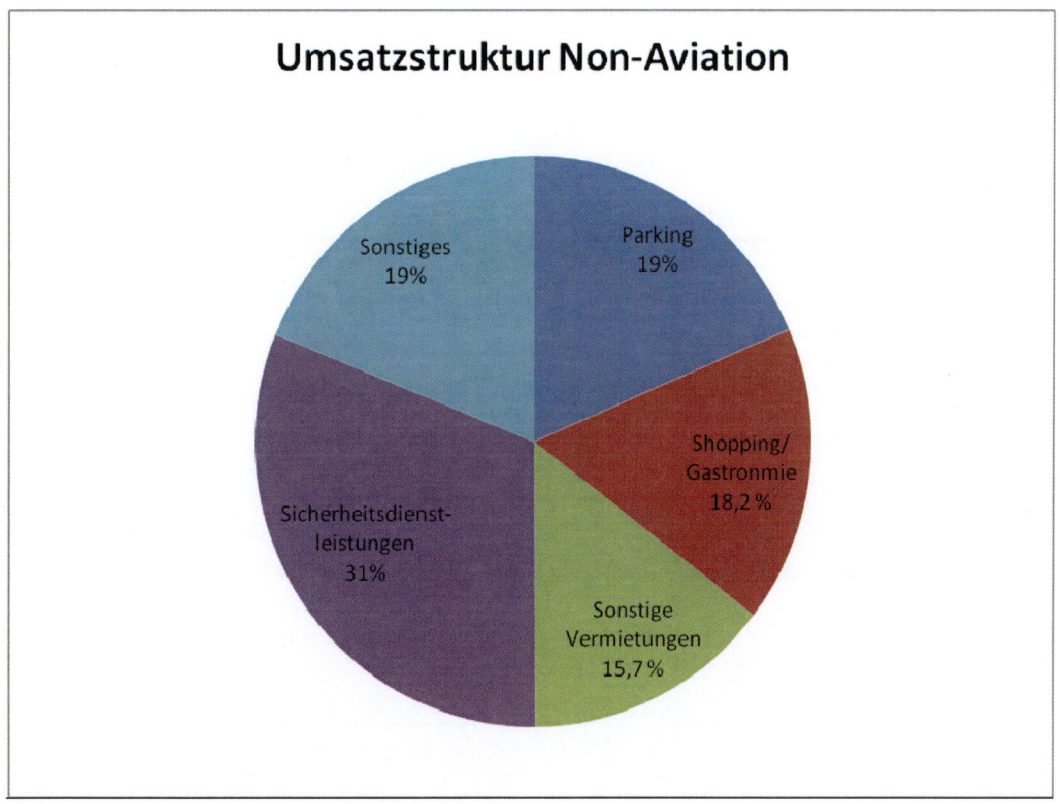

Abbildung 5: Umsatzstruktur Non-Aviation (Quelle: entnommen aus der 18. Hauptversammlung Flughafen Wien AG 2007)

---

[38] Vgl. A.T. Kearney Medienmitteilung 15.03.2006
[39] Vgl. Seiringer 2007, S. 9

Im Non-Aviation Bereich punkten also der Profitcenter Sicherheitsdienstleistungen. Das Parkhaus oder Parkplätze sind bei vielen Flughäfen ein riesiger Markt. Ein sehr gutes Beispiel hierfür ist der Flughafen Köln/Bonn. Die Anzahl der Parkplätze hat sich in den letzen 7 Jahren von 4.000 auf 15.000 erhöht. Im gleichen Zeitraum erhöhten sich die Flächen für Gastronomie und Einkaufsläden von 3.800 m² auf 10.000 m². Diese Erweiterung hätte noch großer werden können, wenn die Region und die Gemeinden nicht einen Einspruch eingelegt hätten. Denn sie befürchteten einen Zusammenbruch der Wirtschaft in den Innenstädten.[40] Der Flughafen Frankfurt hat 11 Parkanlagen um sich herum mit insgesamt 17.458 Parkplätzen. Und jeder Parkplatz ist Gebührenpflichtig von 0,50 € pro Stunde bis zu 64 € pro Woche. Wenn man jemanden Abholt und direkt vor dem Terminal parken möchte so kosten 30 Minuten 2,50 €.[41]

In München legt der Profitcenter Mietwagenzentrum einen großen Wert auf die Angebotspalette, das Segment ist nicht nur für alltägliche Kunden, sondern auch für First-, VIP- oder Gold-Club-Kunden ausgelegt. Damit erhoffen sie sich einen höheren Absatz, der perfekt auf die Kunden zugeschnitten ist. Zudem verschafft die neue Lounge für First- und Business-Class Passagiere eine ganz neue Atmosphäre. Auf einer Fläche von 620 Quadratmeter gibt es eine Relax-, eine Restaurant-, eine Entertainment und eine Business-Zone, in der sich jeder Wunsch des Kunden befriedigen lässt.[42]

In dem Flughafen Berlin-Schönefeld wurde ein neuer Walk Through Duty Free/ Travel Value Shop eröffnet. Alle Reisenden gehen auf dem Weg zu ihrem Gate durch das 1.100 m² große Geschäft. Mit dem Hintergedanken, dass der ein oder der andere Kunde aus dem Bauch heraus sich für ein Produkt entscheidet. Einen anderen Weg gibt es nicht so geht man sicher das wirklich jeder Passagier durch diesen Laden durchlaufen muss.[43]

Am Stuttgarter Flughafen wurden stattdessen die Miet- und Pachterlöse stark erhöht, um den Energieversorgungszentrum zu finanzieren.[44]

In diesen Bereich gab es am Wiener Flughafen eine Umsatzsteigerung zum Vorjahr 2007 auf 2008 um 9,2 % und ein Jahr davor um 17,2 %, wie man sieht hat auch hier die Finanzkrise ihre Spuren hinterlassen.

---

[40] Vgl. VDI-Berichte, Klapdor 2007, S. 1ff
[41] Vgl. Frankfurt Airport Parktarife
[42] Vgl. Geschäftsbericht Flughafen München (2006), S. 26
[43] Vgl. Geschäftsbericht Berliner Flughäfen (2008), S. 49
[44] Vgl. Geschäftsbericht Flughafen Stuttgart (2008), S. 8

Jahr	Umsatz in Mio. €
2006	112,8
2007	132,2
2008	144,5

Tabelle 6: Umsatz Non-Aviation 2006-2008 (Quelle: Geschäftsbericht Flughafen Wien 2008)

Die Flughafengesellschafter haben auch hier kein Halt vor einigen Investitionen gemacht. Man erweiterte das Parkhaus, verbesserte die Straßen vorm Terminal und vermarktete die neuen Flächen der Terminalerweiterung an Shops und Restaurants. Beim Ausblick wird ein großer Wert auf die neuen Flächen und weitere Parkhäuser gelegt.

Bei vielen Flughäfen bringt der Non-Aviation Sektor einen großen Umsatzanteil ein. Die nächste Abbildung zeigt den Prozentsatz des Umsatzes bei 24 europäischen Flughäfen vom Jahr 2005.

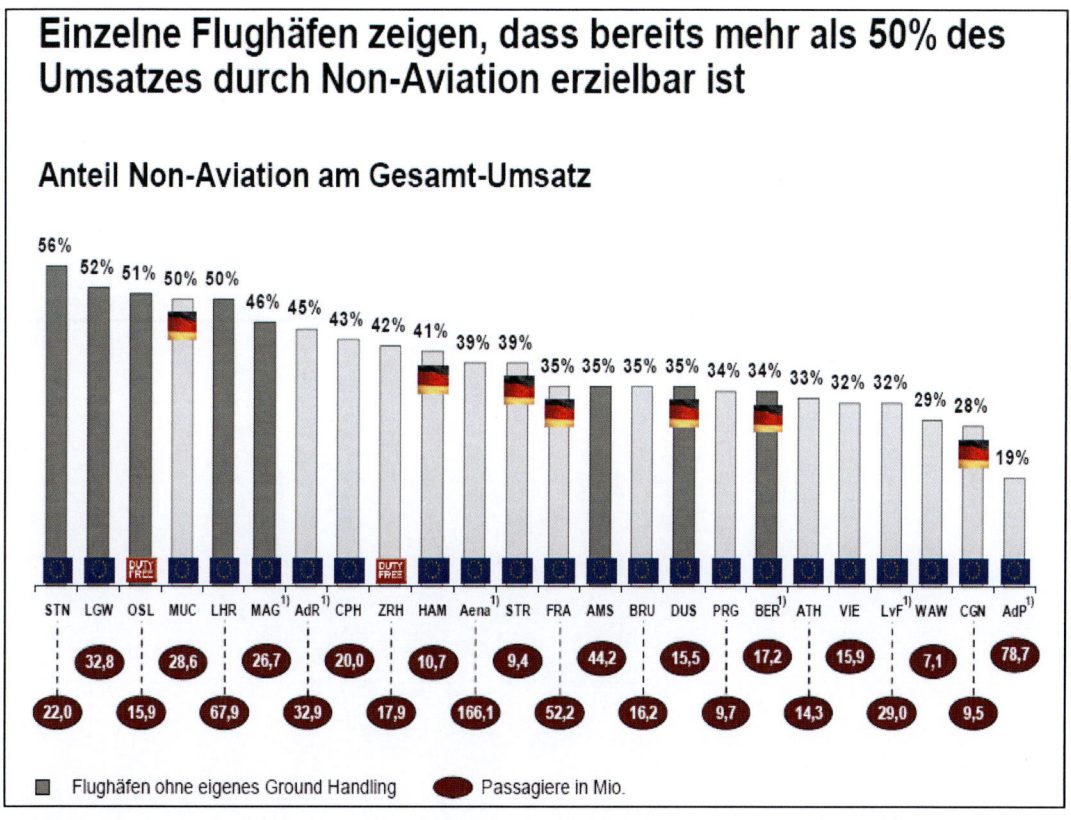

Abbildung 6: Umsatz durch Non-Aviation (Quelle: A.T. Kearney Verkehrsknotenpunkte (2005))

Es ist erstaunlich, dass in London Stansted Airport sogar 56 % des Umsatzes von den großen Profitcenter Non-Aviation kommen. Die deutliche Steigerung beweist, dass in diesem Bereich viel Energie reingesteckt wurde und dass in der Zukunft dieser Bereich bei sehr vielen Airports einen größeren Stellenwert hat wird als die Aviation.[45]

---

[45] Vgl. Geschäftsbericht Flughafen Wien (2008)

6.3 Handling (Bodenverkehrsdienste)

Wie der Name schon sagt ist die Aufgabe dieses Bereichs alle Abfertigungsleistungen und damit zusammenhängende Aktivitäten, die diese Leistungen mit sich bringen. „Dazu zählen die Flugzeug-, Gepäck-, Fracht- und Passagierabfertigung."[46] Dabei unterscheidet man zwischen der Terminalabfertigung auf der Landseite und der Vorfeldabfertigung auf der Luftseite. Die Landseite befasst sich mit den Passagier- und Gepäck-Check-In. Die Luftseite dagegen mit der Beförderung der Passagiere, des Gepäcks und der Fracht ins Flugzeug. Sie wartet und reinigt das Flugzeug und ist für das Schleppen und den Push Back der Flugzeuge verantwortlich.

Die Bodenverkehrsdienste können ebenfalls in vier Segmente unterteilen werden.
1. Die Vorfeldabfertigung
2. Frachtabfertigung
3. Verkehrsabfertigung
4. General Aviation

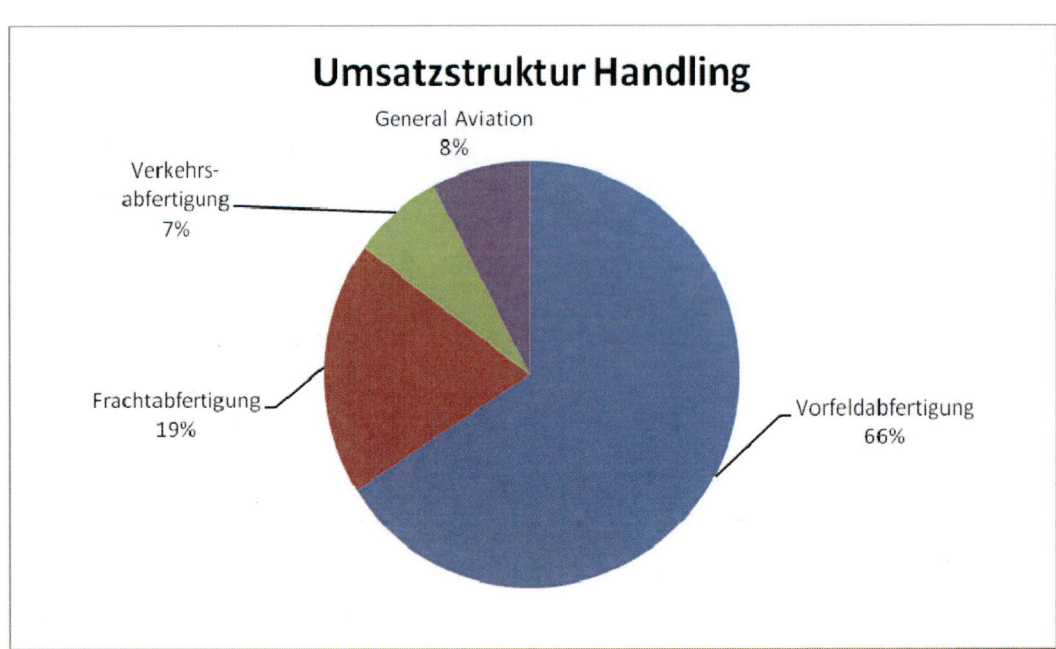

Abbildung 7: Umsatzstruktur Handling (Quelle: entnommen aus der 18. Hauptversammlung Flughafen Wien AG 2007)

Es ist deutlich zu erkennen, dass die Vorfeldabfertigung (96,9 Mio.) einen Großteil des Umsatzes darstellt. Dies ist auch ein ganz normaler Fall. Denn hier wird das Flugzeug zum Start

---

[46] Trumpfheller 2006, S. 109

bereit gemacht. Es wird betankt, beladen, gereinigt und vom Catering-Service mit Essen versorgt.

All diese Unterbereiche wie der Entlade und Belade-Service, Gepäckabfertigung, Catering-, Reinigungs-, Sanitärer-, Enteisungs-Service in Winter, Instandhaltung und der Cargo-Service stellen ein eigenes Profitcenter dar. Durch den Boom der Billigfluglinien und dem hartem Preiskampf wurde die Wettbewerbssituation stark verschärft. Die Bodenverkehrsdienste stehen unter einen gravierenden Preisdruck. Produktivitäts- und Flexibilitätsverbesserungen sind nun das Ziel. [47]

Am Wiener Flughafen wurde der Bereich Handling von der aktuellen Finanzkrise weniger betroffen als die anderen beiden Bereiche.

Jahr	Umsatz in Mio. €
2006	139,6
2007	147,0
2008	152,2

Tabelle 7: Umsatz Handling 2006-2008 (Quelle: Geschäftsbericht Flughafen Wien 2008)

Die Änderung hier betrug von 2006 auf 2007 5,3 % und ein Jahr später von 2007 auf 2008 3,5 %. Es wird klar, dass dieser Bereich mehr oder weniger resistent gegen die Krise ist. Investiert wurde hier in Geräte und Fahrzeuge die auf der Luftseite des Flughafens benutzt werden.[48]

6.4 Der Vergleich

Nachdem man sich zu Aviation, Handling und Non-Aviation ein Bild machen kann, werden in diesem Teil alle drei Segmente miteinander verglichen. Um herauszufinden welcher Bereich der umsatzstärkste ist. Als Beispiel wird wieder der Flughafen von Wien herangezogen.
Die komplette Umsatzstruktur des Flughafens wird in der folgenden Abbildung in die drei Bereiche unterteilt.

---

[47] Vgl. Geschäftsbericht Flughafen München (2006), S. 22
[48] Vgl. Geschäftsbericht Flughafen Wien 2008

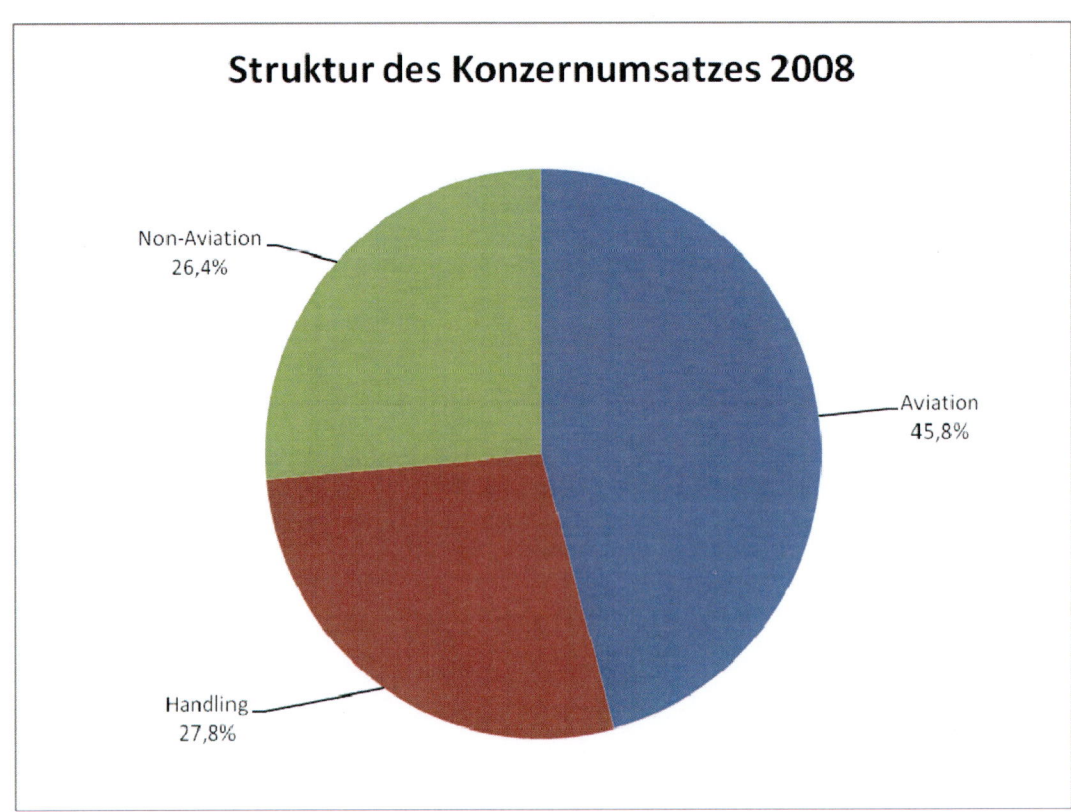

Abbildung 8: Struktur der Konzernumsatzes 2008 (Quelle: Eigene Darstellung nach dem Geschäftsbericht der Flughafen Wien AG 2008)

Wie aus der Abbildung zu entnehmen ist, ist die Aviation der umsatzstärkste Bereich. Das hängt mit den Passagierzahlen zusammen, da die meisten Menschen den Flughafen zum verreisen verwenden. Auf dem zweiten Platz ist Handling. Knapp gefolgt von Non-Aviation.

An anderen Flughäfen wie am Münchener Flughafen wird nur Aviation mit Non-Aviation verglichen und Aviation hatte 53 % im Jahre 2006 und Non-Aviation 47% des Umsatzes herangezogen. So wird deutlich, dass sich die Umsatzstruktur nahezu halbiert [49]

Bei den Berliner Flughäfen überwiegt Aviation mit 66,3 % und Non-Aviation kommt nur auf 17,8 %, der Rest kommt aus Bauleistungen, Real Estate oder anderen Services. Man merkt, dass es von Flughafen zu Flughafen unterschiedlich ist, wohin die Gesellschafter ihre Werte hinlegen.[50]

Dennoch muss widerholt werden, dass Non-Aviation der Bereich ist, der am meisten Potenzial hat. Und in der Zukunft für einen großen Teil des Umsatzes sorgen wird.

---

[49] Vgl. Geschäftsbericht Flughafen München (2006)
[50] Vgl. Geschäftsbericht Berliner Flughäfen (2008)

7. Die Kunden des Airports

Die Kunden tragen dazu bei welcher Flughafentyp sich aus einem Flughafen heraus kristallisiert. Genau so sind nur bestimmte Kunden an bestimmten Flughäfen aufzufinden. Die Grundbasis der Flughafenkunden gliedert sich in vier Teilgruppen:
Zu einem gibt es da die Fluggesellschaften. Zu anderem die Passagiere. Die nächste Gruppe sind die gewerblichen Kunden. Und die Letzten sind die sonstige Kunden.[51] Die sonstigen Kunden werden auch nicht-reisende Konsumenten bezeichnet, die den Non-Aviation Bereich nutzen. Zu diesen gehören Anwohner, Besucher des Flughafens oder Personen, die jemanden abholen oder bringen. Beschäftige am Flughafen zählen auch zu dieser Gruppe.[52]

7.1 Die Fluggesellschaften

Die Fluggesellschaften sind für die Flughäfen die wichtigste Kundengruppe. Diese Gruppe kann wiederum in fünf Gruppen aufgeteilt werden:

1. Netzwerkfluggesellschaften, diese Gesellschaft zeichnet sich dadurch aus, dass sie sich hauptsächlich mit einem internationalen Streckennetz orientieren. Der Service steht im Vordergrund. Lufthansa ist beispielsweise eine Netzwerkfluggesellschaft.
2. No-Frills-Fluggesellschaften, die Übersetzung bedeutet „ohne Schnick-Schnack". Die niedrigen Preise sind bei so einer Gesellschaft Pflicht. Oft handelt es sich um One-Way Tarife. Im Flugzeug gibt es keine Sitzplatzordnung und die Mahlzeiten sind gegen Gebühr. Oberstes Ziel ist die Vermeidung und Minimierung von Kosten. Die Anforderungen sind niedrige Flughafenentgelte, einfache Flughafenterminals, ein schneller Check-In, Gastronomie und Einkaufsmöglichkeiten am Flughafen. German Wings ist ein gutes Beispiel für eine No-Frills-Fluggesellschaft.
3. Touristikfluggesellschaften sind für Urlauber ausgelegt. Die Destinationen sind beliebte Urlaubsgebiete. Serviceleistungen, wie Catering, Sitzplatzordnung und Reiservierung sind möglich. TUI ist eine Touristikfluggesellschaft.
4. Regionalfluggesellschaften fliegen mit kleineren Maschinen kürzere Strecken. Die Konkurrenten sind die No-Frills. Lufthansa CityLine ist eine bekannte Regionalfluggesellschaft in Deutschland.
5. Frachtfluggesellschaften sind für den Transport von Fracht zuständig. Es wird auch der Raum in einer Passagiermaschine genutzt um Fracht zu befördern. Nachts wer-

---

[51] Nach Trumpfheller 2006, S.113ff
[52] Vgl. Trumpfheller (2006), S. 136

den sogar Passagierflieger komplett zu Frachtmaschinen, DHL ist hier ein hervorragendes Beispiel.[53]

Von diesen fünf unterschiedlichen Gruppen muss jede Gesellschaft die Tarife für die Landungen oder das Parken des Jets bezahlen. Aus der Sicht der Flughafenbetreiber ist es immer sinnvoll so viele Airlines wie möglich an sich heran zu ziehen. Aviation und Handling werden durch sie immer beschäftigt sein. Und können ihre Umsätze vermehren. Verliert man so einen Kunden muss man sich schnell um einen Neuen bemühen um die Umsatzlücke zu stopfen.

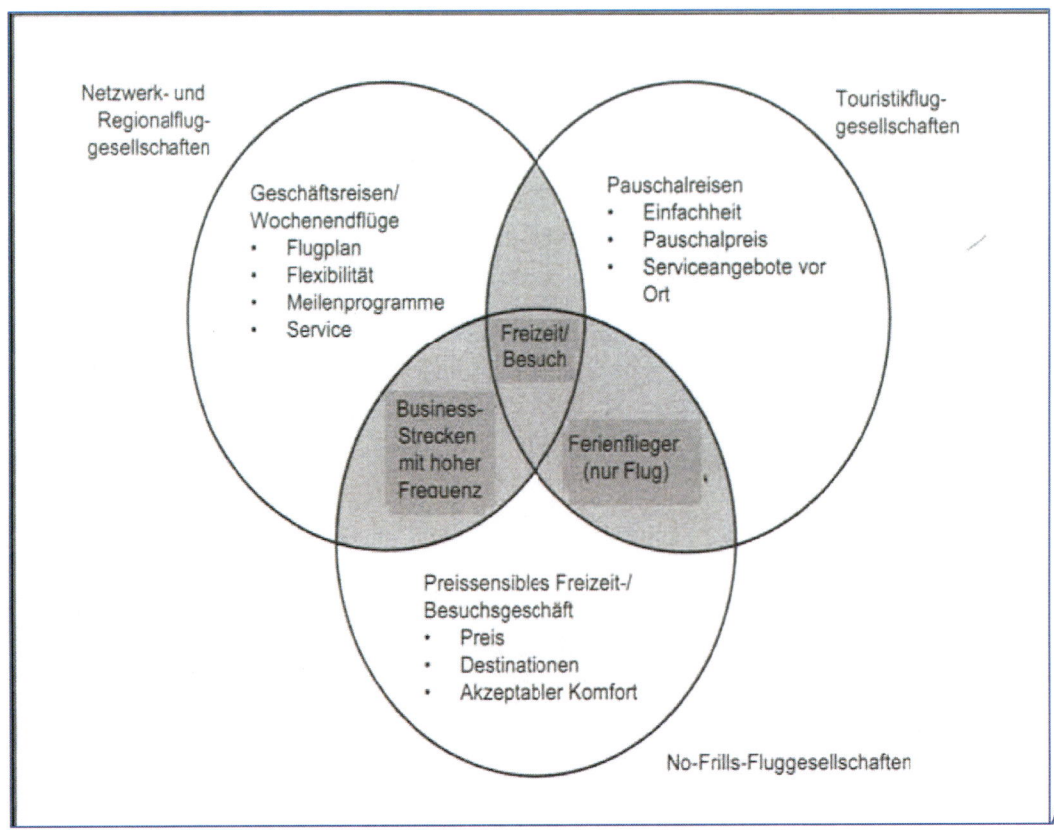

Abbildung 9: Überlappung des Angebots (Quelle: Trumpfheller (2006), S. 128)

In der Abbildung ist zu sehen wie sich die verschiedenen Gesellschaften überlappen. Touristik und No-Frills eignen sich beide gut als Ferienflieger. Netzwerk und No-Frills dienen den Business-Strecken. Und alle Gesellschaften bis auf die Fracht sind ausgezeichnet für Freizeit- und Besuchsflüge. „Die Ausrichtung eines Flughafens auf einen bestimmten Typ von Fluggesellschaft geht also mit einer Ausrichtung auf bestimmte Passagiersegmente einher."[54] Aus der Sicht des Profitcenters Aviation muss man sagen, dass ein Hubflughafen zum

---

[53] Vgl. Trumpfheller (2006), S. 114ff
[54] Trumpfheller (2006), S. 134

Beispiel alle diese Fluggesellschaften heranziehen sollte. Denn diese ziehen die verschiedenen Arten der Passagiere an, die als nächstes analysiert werden.

7.2 Passagiere

Diese Kundengruppe ist entscheidend für die Flughäfen. Es gibt zwei Kategorien von Passagieren: Berufsreisende und Privatreisende. Für die Berufsreisenden steht der Service im Mittelpunkt. Sie erwarten Umbuchungsmöglichkeiten, Komfort sowie einen schnellen Check-In und Check-Out. Bei Privatreisenden steht lediglich der Preis im Vordergrund.
Für die Geschäftsreisenden sind die Non-Aviation Dienstleistungen ganz wichtig. Durch diese Kundengruppe kommt ein großer Teil des Umsatzes ein. Diese Kunden brauchen prestigevolle Geschäfte, Hotels, Lounges oder sogar Konferenzräume für Besprechungen. Exklusive Mode- und Schmuckgeschäfte passen hier voll ins Konzept. Der Privatkunde dagegen bevorzugt klassischen Duty Free Shop mit langen Öffnungszeiten, in denen er an Alkohol, Tabak oder Parfums herankommt, sowie Fast Food Restaurants oder Internet-Cafés. Eine weitere Unterteilung gibt es bei den Transferpassagieren und bei den Originärpassagieren. Die Transferpassagiere befinden sich zeitlich gesehen länger am Flughafen und geben dort mehr Geld aus als die Originären. Ihnen muss man besondere Angebote machen, den Flughafen als Freizeitcenter präsentieren. Bei der anderen Gruppe ist es sinnvoller in die anderen Profitcenter zu investieren, wie z.B. Parking, eine gute Straßenverbindung oder kurze Wege zur Abfertigung.[55]

---

[55] Vgl. Trumpfheller (2006), S. 131ff

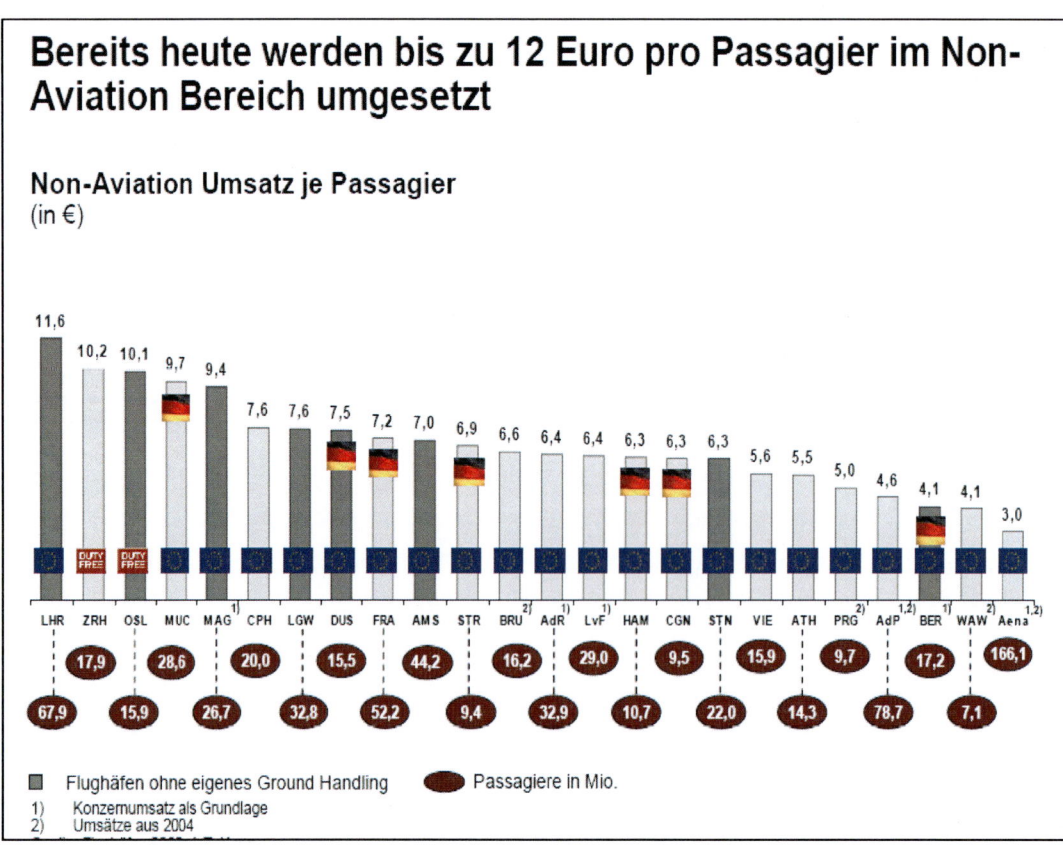

Abbildung 10: Non-Aviation pro Passagier (Quelle: A.T. Kearney Verkehrsknotenpunkte (2005))

Hier wird deutlich, dass im Durchschnitt jeder Passagier am Flughafen Geld liegen lässt. In München sind es 9,70 €. Bei einer Passagierzahl von 34.530.593 im Jahr 2008 kommt man auf einen Umsatz von rund 335 Milliarden € im Non-Aviation Sektor.[56]

7.3 Gewerbliche Kunden

Ortsansässige und globale Unternehmen zählen zu den gewerblichen Kunden. Diese bieten ihre Dienste und Leistungen am Umfeld des Flughafens an. Dazu zählen Restaurants, Hotels, Autovermietungen, Speditionen, Einzelhandel, Frachtagenturen, Banken, Post, Kinos und sogar Discos. Der Umsatz kommt durch die Mietbezahlungen für die Flächen und Konzessionen. Solche Standorte sind sehr begehrt aus der Sicht der Unternehmer, da der Flughafen einen Monopolanbieter darstellt und weil die Handels- und Dienstleistungsbetriebe ihre Leistungen nur auf den Fluggelände anbieten können. Der Anteil des Non-Aviation-Geschäfts am Gesamtumsatz wächst und wächst, deshalb wird die Relevanz der gewerblichen Kunden immer höher. Die gute Verkehrsanbindung von Flughafen sowie günstige Bereitstellung von Gewerbeflächen und Büroräumen ist ideal für Speditionen, Post- und Logis-

---

[56] Vgl. Verkehrsentwicklung ADV-Flughäfen (2008)

tikunternehmen. Mineralölfirmen sind hier auch gefragt, oft schließen diese mit dem Flughafen oder den Fluggesellschaften einen langfristigen Vertrag, damit diese preisgünstiger tanken können.[57]

---

[57] Vgl. Trumpfheller (2006), S. 134ff

8. Der moderne Flughafen

In der früheren Zeit waren die Häfen und später Bahnhöfe Stadtentwicklungszentren. Die modernen Flughäfen von heute sind die Marktplätze des neuen Jahrhunderts. Von manchen werden sogar diese als „Airport Cities" bezeichnet. Der Flughafen Amsterdam hat z.B. das viertgrößte Passagieraufkommen in Europa. Und ist schon heute eine modern gestaltete Airport City. Die Gesellschafter handeln wie Bürgermeister und gehen auf die Bedürfnisse ihrer Einwohner ein. „Der Kunde rückt dabei zunehmend ins Zentrum der Aufmerksamkeit und erhält mir maßgeschneiderten Konzepten die Möglichkeit, in eine unverwechselbare, authentische Erlebniswelt einzutauchen."[58]

Die Kunden werden immer wichtiger, ihre multidimensionalen Bedürfnisse machen keinen Halt. Non-Aviation wird in der Zukunft immer bedeutsamer für die Umsatz- und Ergebniszuwächse. Jeder Standort ist in seiner Art und Weise einzigartig und dieses Potenzial muss jeder Flughafengesellschafter erkennen und gezielt handeln. Die Geschäftsbereiche kennen keine Grenzen, Unterhaltung, Aus- und Weiterbildung oder sogar Gesundheitszentren stehen klar im Vordergrund. Der Münchener Flughafen hat sogar eine eigene Flughafenklinik eröffnet.[59] Die Entwicklungen sind schon auf der ganzen Welt zu sehen. Führende Flughäfen versuchen schon heute gezielt auf die Bedürfnisse der Kunden einzugehen. Sie schaffen ihnen Wohnbereiche, geben Arbeitsplätze, bauen die Infrastruktur aus, versorgen sie mit den nötigen Ressourcen, wie z.B. Strom, Gas, Wasser und Wärme. Sie bieten Einkaufsmöglichkeiten vor Ort an, legen großen Wert auf die Gastronomie, schaffen eine Umgebung der Erholung und Parks.[60]

An den heutigen Flughafen kann man fast alles kaufen, seien es Markenkleider oder sogar Stereoanlagen. Die nächste Abbildung zeigt was man alles in einem Flughafen mittlerweile erwerben kann. Von Health und Beauty bis zu Souvenirs ist alles dabei. Zudem sieht man wie viele verschiedene Filialen manche Airports besitzen.

---

[58] A. T. Kearney Medienmitteilung 15.03.2006
[59] Vgl. Geschäftsbericht Flughafen München (2006)
[60] Vgl. A.T. Kearney Pressekonferenz (8. März 2006)

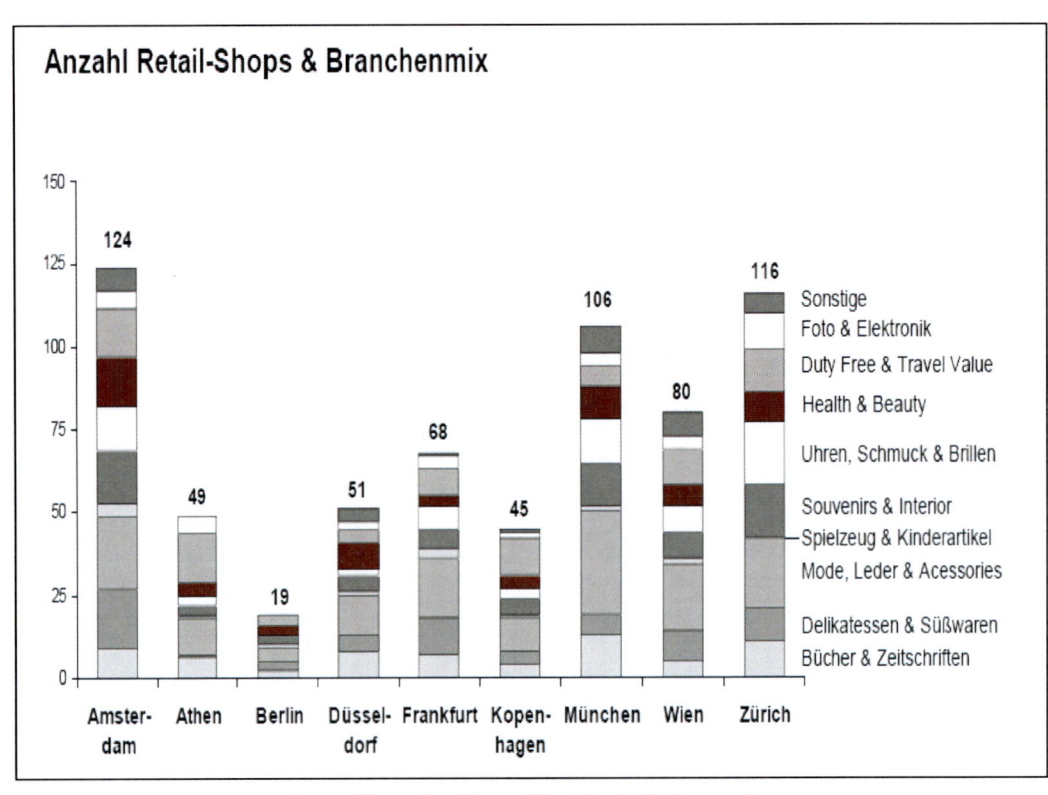

Abbildung 11: Die verschiedenen Shops im Airport (Quelle: A. T. Kearney)

Für viele Menschen ist ein Flughafen ein Ausflugsziel geworden. Denn das Angebot wird immer mehr an Anwohner angepasst. Am Flughafen Singapur können alle Passagiere oder Besucher eine Runde schwimmen gehen, in dem Flughafen eigenem Schwimmbad.[61]

Der Stuttgarter Flughafen begeistert mit seiner neuen Messe. In die Parkierungsanlagen und in die Verkehrserschließung wurden insgesamt 105 Mio. € investiert. In Stuttgart haben vergangenes Jahr viele Ereignisse stattgefunden, wie z.B. Kirchliche Dienste, Kunstausstellungen, die Feier „100 Jahre Zeppelin", große Kinderfeste und Reisefestivals. Zudem wird verstärkt auf den Umweltschutz an allen Airport eingegangen. In Stuttgart möchten die Gesellschafter auf das Bosch-Parkhaus 5.400 Solarpanels installieren.[62]

In München waren die Highlights im Jahre 2006 ein riesiger Biergarten sowie eine große Leinwand, an der die Fußballweltmeisterschaft übertagen wurde. Mehrere Beach-Volleyballturniere, für die extra 700 Tonnen Sand angeliefert wurden und sogar am Ende des Jahres ein Weihnachtsmarkt mit einem umfangreichen Kinderprogramm. Seit dem 28.11.2006 gibt es sogar eine Kindertagesstätte, die täglich 36 Kinder aufnehmen kann.[63]

Der Suvarnabhumi Airport in Bangkok, Thailand, hat einen sehr großen Park. Dieser Park ist nach traditionellen thailändischen Tempelvorgaben gestaltet. Er ist für alle zugänglich, dient

---

[61] Vgl. Rothfischer (2007), S. 46ff
[62] Vgl. Geschäftsbericht Flughafen Stuttgart (2008)
[63] Vgl. Geschäftsbericht Flughafen München (2006)

zum erholen und ist ein hervorragender Ort um spazieren zu gehen. Die Fläche des Parks beläuft sich auf 10.000 m².[64]

Abbildung 12: Park von Suvarnabhumi Airport (Quelle: wikipedia)

So gesehen gibt es keinen vollendenden Flughafen, immer muss was Neues hinzugefügt werden. Es gibt eigentlich keine Grenzen. Man kann alles in einen Flughafen einbauen. Sogar ein Vergnügungspark, in dem eine Achterbahn, parallel mit einem Flugzeug startet und dann ihre Loopings dreht, wenn das Flugzeug abhebt. Die ACI (Airports Council International) prognostiziert bis 2025, dass der durchschnittliche Verkehrswachstum ca. um vier Prozent pro Jahr steigen wird. 2006 waren es 4,4 Milliarden Passagiere, die einen Flughafen benutzt haben und bis 2025 sollen es über neun Milliarden werden. Die IATA (International Air Transport Association) und die ICAO (International Civil Aviation Organization) rechnen mit einer Verdopplung des Luftverkehrsaufkommens bis 2020. Die Kapazitäten der Flughäfen müssten dann sogar stark vergrößert werden um dieser Masse gerecht zu werden. Man müsste laut der Vorhersage rund 45 Milliarden € in die Verbesserung der Infrastruktur investieren. Die Bedeutung des Flughafens wird immer mehr zunehmen und das ist sicher. Schon von der Anzahl der Arbeitsplätze ausgehend. Frankfurt am Main Airport beschäftigt rund 70.000 Mitarbeiter. Jedoch nur ein kleiner Teil ist wirklich am Flughafenbetrieb tätig. Über 500 Unternehmen sind in der Nähe des Airports ansässig. Somit ist dieser Flughafen einer

---

[64] Vgl. A. T. Kearney: Verkehrsknotenpunkte (2007)

der größten Arbeitgeber Deutschlands, auf so einen riesigen Arbeitgeber möchte niemand verzichten.[65] So wird einen klar, dass der moderne Flughafen ein riesiges Profitcenter ist.

---

[65] Vgl. Rothfischer (2007), S. 48ff

9. Die Entwicklung von der Airport City in Frankfurt

1936 war der Baubeginn des Frankfurter Flughafens. Die Fläche die er damals hatte war bloß 300 ha. Ein Empfangsgebäude und ein technischer Bereich wurden errichtet, zu dem eine Halle für die interkontinentalen Luftschiffe. Mit der Eröffnung des ersten Flughafenhotels im Jahre 1968 wurde ein Grundstein für den Beginn der Airport City gelegt. Danach kam der erste Terminal, der bereits voll mit Läden, Restaurants und diversen Dienstleistungen war. 1977 eröffnete sogar eine Discothek „Dorian Gray" für rund 1500 Partylöwen, die von der ganzen Region besucht worden war. Immer mehr Menschen wurden in die Nähe des Flughafens gezogen. So kam es, dass 1980 Non-Aviation einen stärkeren zuwachs als Aviation hatte. Um die Menschen schneller und bequemer zum Flughafen zu bringen wurde sogar Bahngleise zum Flughafen verlegt. Diese dienten auch dem Cargo-Geschäft. 1984 wurde eine neue Startbahn eröffnet. In der Cargo City sind mehr als 250 Firmen mit 10.000 Mitarbeitern vertreten. Der Bereich war voll ausgelastet und die Gesellschafter wussten es muss was getan werden. Und als Antwort entstand 1994 der zweite Terminal, der wieder Platz für mehr als 25 Geschäfte mit sich brachte. Dennoch gibt es keine Grenzen und es ist ein neues Terminal in Planung. Für die Ausweitung des Non-Aviation stehen insgesamt 700.000 m^2 Fläche zu Verfügung. Derzeit fliegen vom Flughafen Frankfurt 150.000 Passagiere täglich. Das Frachtaufkommen beträgt 5.740 Tonnen. Die Airport City hat schon längst die Führungsposition gegenüber den alten Stadtzentren übernommen. Nirgend wo sonst trifft man so viel Internationalitäten, Veranstaltungen und Menschenaufkommen wie an einem Flughafen. Aber trotzdem hat Frankfurt im internationalen Vergleich eher eine geringe Wachstumsrate. Paris, München und Madrid wachsen schneller. Nach Ausbau des neuen Terminals sollen mehr als 95.000 Menschen am Flughafen beschäftigt werden und 100.000 neue zusätzliche vom Flughafen unabhängige Arbeitsplätze entstehen. Über 500 Unternehmen haben sich in der Nähe des Flughafens niedergelassen. Der entscheidende Vorteil von Frankfurt ist die zentrale Lage in Europa, starke wirtschaftliche Region und eine ausgezeichnete Infrastruktur. Auch für die Region ist die Entwicklung vom Vorteil, da sich dadurch neue Perspektiven eröffnen, eine Nachfrage nach der Airport City vorhanden ist und die Wettbewerbsfähigkeit des Standortes gesichert ist.[66]

---

[66] Vgl. Frankfurt Airport City Dokumentation zur Fachtagung vom 22. April 2008 in Offenbach am Main

10. Vergleich von Flughäfen

In diesen Abschnitt wird der größte Flughafen Deutschlands, mit dem größten Flughafens Europas und den größten Flughafen der Welt verglichen. Es wird nach drei Kriterien festgestellt, welcher seiner Größe würdig ist. Das erste Kriterium ist die Passagierzahl, das zweite ist das Frachtaufkommen und die dritte die Flugbewegungen pro Jahr. In Deutschland ist es natürlich Frankfurt am Main Flughafen (FRA). In Europa London Heathrow Airport (LHR). Und der größte der Welt ist Hartsfield-Jackson Atlanta International Airport (ATL).

	FRA	LHR	ATL
Passagiere / Jahr[67]	52.810.683	67.530.197	84.846.639
Fracht / Jahr	2.127.646	1.343.930	746.502
Flugbewegung / Jahr	489.406	477.030	976.447
Gründung	1936	1946	1925
Fläche	1.940 ha	1.333 ha	1.518 ha
Gates	140	195	174
Flugzeugparkplätze	206	264	184
Flughafenmitarbeiter	70.000	70.000	58.000

Tabelle 8: Vergleich von Flughäfen, eigene Darstellung nach Rothfischer (2007)

Mit fast 53 Mio. Passagieren und knapp 490.000 Flugbewegungen ist der Frankfurter Flughafen der zweitgrößte Flughafen Europas. Für die Erweiterung der Kapazitäten wird im Jahr 2011 einen neue Landebahn gebaut. Dafür musste die Fraport AG für 670 Mio. € ein Chemiewerk in der Nähe aufkaufen. Jedoch darf dieser Ausbau unter einer Bedingung erfolgen: Nachtflugverbot von 23 Uhr bis fünf Uhr morgens. Das hat einen riesen Nachteil für den Profitcenter Fracht und Post, da diese hauptsächlich nachts tätig sind. Durch den Bau dieser Start- und Landebahn werden stündlich 120 Flugbewegungen mehr möglich sein. Frankfurt will an die Spitze der Welt. Mit dem Bau des neuen dritten Terminals wollen sie bis 2020 88,3 Mio. Passagiere befördern.[68]

London Heathrow Airport ist in der Welt gesehen der drittgrößte Flughafen, mit einer Passagierzahl von nahezu 68 Mio. und einen Verkehr von fast 480.000. London hat im Vergleich zu Frankfurt schon fünf Terminals, mit denen die Kapazitäten von 65 Mio. auf über 90 Mio. Passagiere gestiegen sind. Das Ziel ist die Steigerung des Passagieraufkommens auf 90 bis 95 Mio. bis 2030.[69]

Der größte Flughafen der Welt steht also in Atlanta. Delta Air Lines, eine der größten Fluggesellschaften der Welt ist hier zu Hause. Das verblüffende an diesen Airport ist, dass es aus einer ausrangierten Autorennstrecke errichtet wurde. Die Kapazität soll schon bis 2015

---

[67] Jahr 2006
[68] Vgl. Rothfischer (2007), S. 82ff
[69] Vgl. Rothfischer (2007), S.102ff

auf 121 Mio. Passagiere ausgelegt sein. Dieser Flughafen hat schon jetzt 6 Start- und Landebahnen und der Ausbau hört einfach nicht auf.[70]

---

[70] Vgl. Rothfischer (2007), S. 60ff

11. Fazit

Zusammenfassend lässt sich sagen, dass man nun weiß wie ein Flughafen an sein Geld rankommt. Es wurde klar wie und wohin die Entwicklung des Flughafens geht.

Zudem wurden die verschiedenen Bereiche analysiert und man hat herausgefunden, dass Non-Aviation eine sehr hohe Bedeutung aufweist. Dieser Bereich wird auch in der Zukunft noch stärker wachsen und eine noch größere Bedeutung als jetzt haben. Der Airport der Zukunft entwickelt sich also zum Erlebniscenter für die ganze Familie. Ohne Aviation ist ein Airport kein Airport, so wird auch dieser nicht weg zudenken sein. Und wenn man Aviation hat dann braucht man unbedingt Handling. Diese drei Bereiche sind der Flughafen.

Der Flughafen wurde aus wirtschaftlicher Sicht betrachtet und man hat festgestellt, dass die Ökonomie und die Ökologie in der Zukunft ebenfalls eine große Rolle spielen wird, da die Flughäfen einen Teil zur globalen Erderwärmung beitragen.

Man differenzierte die verschiedenen Flughafentypen um herauszufinden welcher sich am geeignetsten für einen Profitcenter eignet. Die Lösung ist ein Hub, da hier die meisten Menschen unterwegs sind. Jedoch sind die anderen Varianten nicht weg zu denken, es kommt immer darauf an welche Ziele die Flughafengesellschafter verfolgen.

Die unterschiedlichen Eigentumsrechte an einen Airport haben gezeigt, welche Möglichkeiten man hat um Profit zu machen. Ein komplett privatisierter Flughafen ist dafür am geeignetsten jedoch in der Realität noch selten zu sehen ist.

Durch die Darstellung der Kunden eines Flughafens wollte man vor Augen führen wie das Geld rein fließt und welche Möglichkeiten dadurch entstehen.

Diese Ausarbeitung verhilft dem Leser sich ein klares Bild von den verschiedenen Profitcentern eines Airport vorzustellen, zu unterteilen und diese auch zu Unterscheiden.

12. Literatur- und Quellenverzeichnis

1. Trumpfheller, Michael: Strategisches Flughafenmanagement 1. Auflage, Wiesbaden (2006)

2. VDI-Gesellschaft /VDI-Berichte 2023: Flughafenlogistik- Wachstum ohne Grenzen 1. Auflage, Düsseldorf (2007)

3. Rothfischer, Brigitte: Flughäfen der Welt 1. Auflage, München (2007)

4. Seiringer, Michaela: Europäische Flughäfen im Performance-Vergleich 1 Auflage, Saarbrücken (2007)

5. Geschäftsbericht Flughafen Wien 2008

6. Geschäftsbericht Flughafen München 2006

7. Geschäftsbericht Flughafen Stuttgart 2008

8. Geschäftsbericht Berliner Flughäfen 2008

9. Frankfurt Airport City Dokumentation zur Fachtagung vom 22. April 2008 in Offenbach am Main

10. http://gb2008.viennaairport.com/jart/VIEGB08/html/de/index.jart?stucture_id=1235740730166

11. LuftVG/LuftVZO: http://www.gesetze-im-internet.de/luftvg/__6.html 25.10.09 um 19.40 Uhr

12. http://wirtschaftslexikon.gabler.de/Definition/profitcenter.html 27.10.09 um 11:18 Uhr

13. Fraport AG: http://www.fraport.de/cms/nachhaltigkeit/rubrik/25/25980.oekonomie.htm 28.10.2009 um 10:37 Uhr

14. Fraport AG:
    http://www.fraport.de/cms/nachhaltigkeit/dok/338/338820.unsere_strategischen_nach haltigkeitsziel.htm 28.10.2009 um 10:42 Uhr

15. Frankfurter Parktarife: http://www.frankfurt-airport.de/cms/default/rubrik/24/24333.kurzparker_besucher.html 28.10.2009 um 13:18 Uhr

16. A.T. Kearney Medienmittteilung 15.03.2006:
    http://www.atkearney.at/content/veroeffentlichungen/pressemitteilungen_detail.php/id/49591 29.10.2009 um 13.34 Uhr

17. Flughafen Frankfurt Flughafenentgelte:
    http://www.fraport.de/cms/business_services/dokbin/356/356885.flughafenentgelte_2009.pdf 28.10.2009 um 15:43 Uhr

18. Gebührenordnung Kärnten Airport 2009

19. A.T. Kearney Verkehrsknotenpunkte – Handelsstandorte der Zukunft 12.Juni 2007 von Dr. Mirko Warschun

20. A.T. Kearney: „Airport Cities" – Marktplätze des 21. Jahrhunderts; Pressekonferenz Wien, 8. März 2006

21. Verkehrsentwicklung ADV-Flughäfen (2008)

22. http://www.focus.de/finanzen/boerse/aktien/luftfahrt/flugverkehr-lufthansa-will-methoden-der-billigkonkurrenz-kopieren_aid_454797.html 22.11.2009 um 17:37 Uhr